Bibliografische Information der Deutschen Nationalbibliothek:

Die Deutsche Bibliothek verzeichnet diese Publikation in der Deutschen National-bibliografie; detaillierte bibliografische Daten sind im Internet über http://dnb.d-nb.de/ abrufbar.

Impressum:

Copyright © 2018 GRIN Verlag
Druck und Bindung: Books on Demand GmbH, Norderstedt Germany
ISBN: 9783668979987

Dieses Buch bei GRIN:

https://www.grin.com/document/491037

Fabio Wißen

Angewandte Trainingslehre im Bereich Ausdauer. Exemplarische Erstellung eines Trainingsplans für einen 23-jährigen Probanden

GRIN Verlag

GRIN - Your knowledge has value

Der GRIN Verlag publiziert seit 1998 wissenschaftliche Arbeiten von Studenten, Hochschullehrern und anderen Akademikern als eBook und gedrucktes Buch. Die Verlagswebsite www.grin.com ist die ideale Plattform zur Veröffentlichung von Hausarbeiten, Abschlussarbeiten, wissenschaftlichen Aufsätzen, Dissertationen und Fachbüchern.

Deutsche Hochschule für

Prävention und Gesundheitsmanagement

Einsendeaufgabe

Fachmodul: _____

Studiengang: Sportökonomie _____

Datum
Präsenzphase: _____

Matrikelnummer: _____

Name, Vorname: Wißen, Fabio _____

Studienort: **Düsseldorf** _____

Semester: **SS 2017** _____

Inhaltsverzeichnis

1 Diagnose

1.1 Allgemeine und biometrische Daten

Tab. 1: Allgemeine und biometrische Daten

Allgemeine Daten	Ist - Zustand	Bewertung
Alter	23 Jahre	
Geschlecht	Männlich	
Körpergröße	183 cm	
Körpergewicht	81 kg	24,2 Body-Mass-Index (BMI) → Normalgewicht
Blutdruck	120/80 mmHg	→ Normal
Ruhepuls	59 s/min	Normalwert
Allgemeiner Gesundheitszustand	Keine Beschwerden	Keine Besonderheiten in der Trainingsmethodik
Ärztliche Behandlung	Nicht in Behandlung	Keine Besonderheiten in der Trainingsmethodik
Medikamenteneinnahme	Keine Medikamenteneinnahme	Keine Besonderheiten in der Trainingsmethodik
Berufliche Tätigkeit	Student	
Trainingsmotive	Körperfettanteil reduzieren, Verbesserung der Grundlagenausdauer, Senkung des Ruhepuls	Trainingssteuerung und Trainingsplanung wird an die Zielsetzung angepasst
Aktuelle und frühere sportliche Aktivität	Seit 07/2015 im Fitnessstudio, zurzeit wenig Ausdauertraining	Hat bereits gewisse Erfahrung, kein Beginner
Zeitlicher Verfügungsrahmen	2-3 Einheiten/Woche, ergänzend zum Krafttraining	

Tab. 2: Puls-Normwerte nach Alter (Blutdruckdaten, 2015)

Alter	Pulsschläge pro Minute
0 Jahre	140 S/min
2 Jahre	120 S/min
4 Jahre	100 S/min
10 Jahre	90 S/min
14 Jahre	85 S/min
Erwachsene	60-80 S/min
Senioren	80-85 S/min

Tab. 3: Einteilung der Blutdruckwerte (WHO, 2015)

	Systolisch (mmHG)	Diastolisch (mmHG)
Optimaler Blutdruck	< 120	< 80
Normaler Blutdruck	120-129	80-84
Hochnormaler Blutdruck	130-139	85-89
Hypertonie Stufe 1	140-159	90-99
Hypertonie Stufe 2	160-179	100-109
Hypertonie Stufe 3	>= 180	>= 110

1.2 Leistungsdiagnostik/Ausdauertestung

Um ein geeignetes Testverfahren für die Leistungsdiagnostik des Probanden durchführen zu können, ist eine Voreinstufung (Tab. 4 und Tab. 5) der Belastbarkeit unabdingbar. Mit Hilfe des sog. IPN-Test (Institut für Prävention und Nachsorge) können wir anhand von verschiedenen Merkmalen (Alter, Geschlecht, Trainingszustand und Ruhepuls) die Zielherzfrequenz für den darauffolgenden Ausdauertest bestimmen. Der Proband ist männlich, trainiert, hat Normalgewicht und ist 23 Jahre alt (siehe Tab. 1). Aus diesem Grund wird der Test nach Hollmann-Venrath (Tab. 6) durchgeführt. Dieser Test richtet sich an eine Zielgruppe von durchschnittlich bis gut trainierten Personen, wobei der Proband im Durchschnitt eingestuft wird.

Damit die zielführende Trainingsmethodik adäquat ausgewählt werden kann, ist eine Leistungsdiagnostik bzw. Ausdauertestung erforderlich. Daraus ergibt sich nicht nur der aktuelle Leistungszustand des Probanden, sondern es wird sichergestellt, dass das im Anschluss festgelegte Trainingsprogramm ideal zur Zielsetzung und zum Leistungsniveau passt. Die Ausdauertestung erfolgt auf dem Fahrradergometer. Dieses Trainingsgerät ist ein Allroundgerät für fast alle Personengruppen. Zudem existieren wissenschaftlich abgesicherte Normwerte. Unabhängig vom jeweiligen Trainingsniveau eignet sich das Fahrradergometer besterweise für eine Leistungsdiagnostik. Das liegt daran, dass die Bewegungsabläufe vorgegeben sind und somit die Gefahr von orthopädischen Fehlbelastungen gering ist. Außerdem sind die koordinativen Anforderungen an die Testperson überschaubar. Sollte sich der körperliche Zustand der Testperson während der Diagnostik drastisch verschlechtern oder die vorher festgelegte Pulsobergrenze wird erreicht bzw. überschritten, wird die Ausdauertestung abgebrochen. Ein solcher Test ist jederzeit reproduzierbar, da alle Rahmenbedingungen immer wieder festgesetzt werden können. Dadurch sind sog. Re-Test (Vergleichstest) ohne großen Aufwand mit dem ursprünglichen Testergebnis zu vergleichen. Der Vergleich der Re-Tests eines Probanden wird intraindividueller Leistungsvergleich genannt. Die Vergleichstests werden im späteren Verlauf der Trainingszyklen wiederholt.

Tab. 4: Voreinstufung IPN nach Ruheherzfrequenz und Lebensalter

Alter / HF Ruhe	< 20 J.	20-29 J.	30-39 J.	40-49 J.	50-59 J.	60-69 .	>70 J.
< 50 S/min	140	135	130	125	115	110	105
50-59 S/min	145	140	135	125	120	115	110
60-69 S/min	145	145	135	130	125	120	115
70-79 S/min	150	145	140	135	130	125	120
80-89 S/min	155	150	145	140	135	125	125
>90 S/min	160	155	150	145	135	130	125

Tab. 5: Voreinstufung unter Berücksichtigung des Trainingszustandes

Trainingszustand	Einheiten pro Woche	Stunden/Woche	Pulsaufschlag
Kein Ausdauertraining	Kein Mal	0	Kein
Wenig Ausdauertraining	1-2 x	< 1	Kein
Moderat Ausdauertraining	2-3 x	1-2	Plus 5 S/min
Viel Ausdauertraining	3-4 x	2-4	Plus 10 S/min
Sehr viel Ausdauertraining	>4 x	>4	Plus 15 S/min

Tab. 6: Belastungsschema Hollmann & Venrath (modifiziert nach IPN, 2004)

Testprofil	H&V-Schema
Eingangsbelastung	30 Watt
Stufendauer	3 min
Belastungssteigerung	40 Watt
Umdrehungszahl	60-80 U/min
Pulsobergrenze	Nach IPN
Testgröße	Wattanzahl der letzten Stufe (zeitinterpoliert)
Normbewertung	Watt/kg Körpergewicht
Abbruchkriterien	Überschreiten der festgelegten Pulsobergrenze subjektive Beschwerden: Atemnot, Schwindel, Blässe, Übelkeit, Schmerzen in der Brust Blutdruckverhalten: RR >230/115 mmHg (bei 100 Watt RR max. 200/100 mmHg Fehlender „normaler" Anstieg Blutdruckabfall unter Belastung

Aus der Voreinstufung ergibt sich für die Ausdauertestung eine maximale Zielherzfrequenz von 140 S/min (kein Aufschlag). Hierbei wurden die allgemeinen und biometrischen Daten aus Tabelle 1 zugrunde gelegt und mit den Parametern zur Voreinstufung in Beziehung gesetzt.

5

Durchführung der Ausdauertestung:

Bevor der Test beginnt, wird die Testperson mit dem Fahrradergometer vertraut gemacht. Hierbei werden sowohl mechanische Einstellung der Sitzhöhe, als auch Bedienung des Gerätes thematisiert. Im nächsten Schritt wird der genaue Testablauf durchgesprochen. Jetzt beginnt die Ausdauertestung mit der Eingangsbelastung von 30 Watt. Die Wattanzahl wird alle 3 Minuten um jeweils 40 Watt erhöht. Zudem wird nach jeder abgelaufenen Minute die Herzfrequenz der Testperson gemessen und dokumentiert. Die Umdrehungszahl muss über die gesamte Test-Zeit zwischen 60-80 U/min liegen. Falls dieser Korridor über-/ oder unterschritten wird, kommt es zum sofortigen Abbruch des Testes. Als Richtwert sollte die Testperson mindestens 5 Wattstufen durchlaufen. Wenn die vorab festgelegte Pulsobergrenze (140 S/min) vorher erreicht wird, wird die Testung ebenfalls direkt abgebrochen. Sollten während der Testung neben den bereits angesprochenen Anzeichen andere Abbruchkriterien (Tab. 6) auftreten, wird der Test vorzeitig beendet. Wenn der Test beendet ist, werden die dokumentieren Daten ausgewertet und im interindividuellen Leistungsvergleich bewertet. Hierbei stellt man das Ergebnis einer Normtabelle gegenüber um Rückschlüsse auf die später ausgewählte Trainingsmethodik zu ziehen.

Tab. 7: Testergebnisse

Zeit (Minuten)	Wattanzahl (Watt)	Hf 1 (S/min)	Hf 2 (S/min)	Hf 3 (S/min)
1-3	30	76	74	74
4-6	70	91	92	95
7-9	110	106	105	109
10-12	150	120	124	123
13-15	190	132	135	134
16-18	230	139	**140 = Abbruch**	k.A.
Wattanzahl gesamt: (zeitinterpoliert)	190 + (40*1/3) = 203,333 Watt	Bewertung: durchschnittliches Ergebnis		
Watt/kg (203,33 Watt/81 kg)	2,51 relative Watt-Soll-Leistung			

6

Um die ermittelte Wattleistung einordnen bzw. bewerten zu können, wird die Normwertetabelle der Männer nach IPN (Tab. 8) verwendet. Mit dem Ergebnis liegt der Proband bei einer durchschnittlichen Leistung.

Tab. 8: Ausschnitt, Normwerte Männer nach IPN (IPN, 2004)

Alter / Intensität	< 30	30-34	35-39	40-44	45-49	50-54	55-59	>60	Bewertung
0,62	2,40	2,28	2,16	2,04	1,92	1,80	1,68	1,56	⊘
0.63	2,60	2,47	2,34	2,21	2,08	1,95	1,82	1,69	☺
0,64	2,80	2,66	2,52	2,38	2,24	2,10	1,96	1,82	☺

1.3 Gesundheits- und Leistungsstatus der Person

Nach der Durchführung des ersten Ausdauertests kann mit Hilfe der biometrischen Daten ein erster Rückschluss auf die Trainierbarkeit und Belastbarkeit des Probanden gezogen werden. Der Leistungszustand in Bezug auf die Ausdauer ist durchschnittlich einzuschätzen. Das Testergebnis zeigt, dass der Proband Defizite in der Ausdauer hat. Der Proband treibt seit 3 Jahren Kraftsport und trainiert seit Anfang des Jahres nur noch gelegentlich seine Grundlagenausdauer. Neben zahlreichen Wettkämpfen hat der Proband vor vielen Jahren höheren Wert auf das Cardiotraining gelegt. Aus diesem Grund wird der Testperson, das Leistungsniveau „Einsteiger" zugewiesen.

2 Zielsetzung/Prognose

Tab. 9: Ziele des Probanden

Inhalt	Ausmaß	Zeit
Körperfettanteil senken	KFA von 9,0% → 7,5%	8 Wochen
Verbesserung der Cardiofitness / Grundlagenausdauer GA1 und GA2	Steigerung Wattleistung beim submaximalen Test um 10-12% Start: 2,51 Watt/kg → Ziel: mind. 2,76 Watt/kg	8 Wochen
Senkung des Ruhepuls	Ruhe-HF von 59 S/min → 55 S/min	8 Wochen

Der Proband verfolgt mit dem Ziel seinen Körperfettanteil zu senken ein ästhetisches Ziel, welches keinen gesundheitlichen Aspekt hat. In erster Linie geht es hierbei darum besser auszusehen und sich wohler zu fühlen. Mit einem Körperfettanteil von 9,0% soll dieser Wert innerhalb von 8 Wochen um 1,5% gesenkt werden. Diese Messung wird mit Hilfe einer Bioimpedanzwaage von der Fa. InBody durchgeführt. Der Leistungstest hat gezeigt, dass im Rahmen der Ausdauer Defizite vorliegen. Aus dem Grund möchte der Proband seine Cardiofitness verbessern. Bei einem Re-Test soll das Ergebnis um mindestens 10% besser ausfallen, als beim Ausgangstest. Mit einem Ergebnis von 2,51 Watt pro Kilogramm Körpergewicht lag der Proband in Bezug auf das Alter im Durchschnitt. Um die Leistungsfähigkeit in Bezug auf die Ausdauer zu verbessern, soll der Proband innerhalb von 8 Wochen die Watt-Soll-Leistung durch gezieltes Training um mindestens 10% (auf 2,76 Watt/kg) anheben. Nach dem IPN (Institut für Prävention und Nachsorge) liegt dieser Wert, in Bezug auf die Altersklasse, bei einem guten Ergebnis. Das dritte und letzte Ziel befasst sich mit der Ökonomisierung der Herzarbeit. Das Ruhepulsniveau soll durch gezieltes Ausdauertraining gesenkt werden. Zwar liegt der Proband mit einem Ruhepuls von 59 S/min im Normalbereich, dennoch ist es von Vorteil, wenn das Herz effizienter arbeitet und weniger Schläge/Minute (55 S/min) für das gleiche Herzminutenvolumen aufbringen muss. Die Pulsmessung wird mit einem standardisierten Brustgurt durchgeführt. Alle festgelegten Ziele sind messbar und liegen wissenschaftlichen Normwertetabellen zum interindividuellen Vergleich zugrunde. Der erste Re-Test wird nach 6 Wochen durchgeführt und dann werden die Ergebnisse dem Ausgangsniveau gegenübergestellt.

3 Trainingsplanung Mesozyklus

3.1 Grobplanung Mesozyklus

Tab. 10: Grobplanung Mesozyklus

Dauer des Mesozyklus:	6 Wochen		
Spezifische Trainingszielsetzung	-	Aufbau, Stabilisierung und Entwicklung der Grundlagenausdauer	
Wöchentlicher Gesamttrainingsumfang (in Min.)	105 – 160 Minuten		
Trainingsmethoden	-	Extensive Dauermethode	
	-	Variable Dauermethode	
	-	Intensive Dauermethode	
Belastungsintensitäten (Pulsober- und -untergrenzen in % von Hf(Reserve))	-	Extensive Dauermethode 55-60%	
	-	Variable Dauermethode 65-80%	
	-	Intensive Dauermethode 70-75%	
Trainingshäufigkeit pro Woche	2-3 Einheiten pro Woche		

Trainingsdauer für die Trainingseinheiten	- Extensive Dauermethode 45-60 Minuten
	- Variable Dauermethode 45-60 Minuten
	- Intensive Dauermethode 30-40 Minuten
Vorgesehene Ausdauertrainingsgeräte	- Laufband
	- Fahrradergometer
	- Crosstrainer

3.2 Detailplanung Mesozyklus

Tab. 11: Detailplanung Mesozyklus Woche 1 und Woche 2

Woche 1 – Trainingstage	Dienstag	Freitag	Woche 2 - Trainingstage	Dienstag	Freitag
Trainingsziele	GA1	GA1	Trainingsziele	GA1	GA1
Trainingsmethode	Extensive DM	Extensive DM	Trainingsmethode	Extensive DM	Extensive DM
Trainingsintensität In % von Hf($Reserve$)	PUG: 55% Hf($Reserve$) POG: 60% Hf($Reserve$)	PUG: 55% Hf($Reserve$) POG: 60% Hf($Reserve$)	Trainingsintensität In % von Hf($Reserve$)	PUG: 55% Hf($Reserve$) POG: 60% Hf($Reserve$)	PUG: 55% Hf($Reserve$) POG: 60% Hf($Reserve$)
Trainingsherzfrequenzen Pulsuntergrenze (PUG) bzw. Pulsobergrenze (POG)	PUG: 124 S/min POG: 130 S/min	PUG: 135 S/min POG: 142 S/min	Trainingsherzfrequenzen PUG bzw. POG	PUG: 124 S/min POG: 130 S/min	PUG: 135 S/min POG: 142 S/min
Trainingsdauer	45 Minuten	60 Minuten	Trainingsdauer	45 Minuten	60 Minuten
Ausdauergeräte	Rad	Laufband	Ausdauergeräte	Rad	Laufband

Tab. 12: Detailplanung Mesozyklus Woche 3 und Woche 4

Woche 3 – Trainingstage	Di.	Do.	Sa.	Woche 4 - Trainingstage	Di.	Do.	Sa.
Trainingsziele	GA1	GA1	GA2	Trainingsziele	GA1	GA1	GA2
Trainingsmethode	Exten-sive DM	Exten-sive DM	Intensi-ve DM	Trainingsmethode	Exten-sive DM	Extensive DM	Intensi-ve DM
Trainingsintensität In % von Hf($Reserve$)	PUG: 55% Hf($Reserve$) POG: 60% Hf($Reserve$)	PUG: 55% Hf($Reserve$) POG: 60% Hf($Reserve$)	PUG: 70% Hf($Reserve$) POG: 75% Hf($Reserve$)	Trainingsintensität In % von Hf($Reserve$)	PUG: 55% Hf($Reserve$) POG: 60% Hf($Reserve$)	PUG: 55% Hf($Reserve$) POG: 60% Hf(Reserv e)	PUG: 70% Hf($Reserve$) POG: 75% Hf($Reserve$)
Trainingsherzfre-quenzen Pulsuntergrenze (PUG) bzw. Puls-obergrenze (POG)	PUG: 124 S/min POG: 130 S/min	PUG: 135 S/min POG: 142 S/min	PUG: 156 S/min POG: 163 S/min	Trainingsherzfre-quenzen PUG bzw. POG	PUG: 124 S/min POG: 130 S/min	PUG: 135 S/min POG: 142 S/min	PUG: 156 S/min POG: 163 S/min
Trainingsdauer	45 Min.	60 Min.	30 Min.	Trainingsdauer	45 Min.	60 Min.	30 Min.
Ausdauergeräte	Rad	Lauf-band	Lauf-band	Ausdauergeräte	Rad	Laufband	Lauf-band

Tab. 13: Detailplanung Mesozyklus Woche 5 und Woche 6

Woche 5 – Trainingstage	Di.	Do.	Sa.	Woche 6 – Trainingstage	Di.	Do.	Sa.
Trainingsziele	GA2	GA1	GA2	Trainingsziele	GA2	GA1	GA2
Trainingsmethode	Intensive DM	Extensive DM	Variable DM (10 min. extensiv, 15 min. intensiv, 10 min. extensiv, 10 min. intensiv)	Trainingsmethode	Intensive DM	Extensive DM	Variable DM (15 min. extensiv, 15 min. intensiv, 20 min. extensiv, 10 min. intensiv)
Trainingsintensität In % von Hf(Reserve)	PUG: 70% Hf(Reserve) POG: 75% Hf(Reserve)	PUG: 55% Hf(Reserve) POG: 60% Hf(Reserve)	PUG: 65% Hf(Reserve) extensiv POG: 80% Hf(Reserve) intensiv	Trainingsintensität In % von Hf(Reserve)	PUG: 70% Hf(Reserv e) POG: 75% Hf(Reserv e)	PUG: 55% Hf(Reserve) POG: 60% Hf(Reserve)	PUG: 65% Hf(Reserve) extensiv POG: 80% Hf(Reserve) intensiv
Trainingsherzfrequenzen Pulsuntergrenze (PUG) bzw. Pulsobergrenze (POG)	PUG: 156 S/min POG: 163 S/min	PUG: 124 S/min POG: 130 S/min	PUG: 149 S/min POG: 170 S/min	Trainingsherzfrequenzen PUG bzw. POG	PUG: 156 S/min POG: 163 S/min	PUG: 124 S/min POG: 130 S/min	PUG: 149 S/min POG: 170 S/min
Trainingsdauer	40 Min.	60 Min.	45 Min.	Trainingsdauer	40 Min.	60 Min.	60 Min.
Ausdauergeräte	Laufband	Rad	Crosstrainer	Ausdauergeräte	Laufband	Rad	Crosstrainer

3.3 Begründung zum Mesozyklus

Im folgenden Text wird der Mesozyklus genauer erläutert. Vorrangig geht es dabei um die trainingswissenschaftlichen Hintergründe. Hierbei sind werde die drei Ziele des Probanden in den Mittelpunkt gestellt.

Vor dem Hintergrund, dass der Proband vor langer Zeit schon Mittelstrecke gelaufen ist, dies aber aufgrund von zu langer Abwesenheit aus dem Ausdauersport nicht mehr zum Tragen kommt, startet der 6-wöchige Mesozyklus mit jeweils 2 Trainingseinheiten pro Woche. Dieser Belastungsumfang ist relativ niedrig, da der Proband sich in den letzten 12 Monaten lediglich dem Krafttraining gewidmet hat. Das Herzkreislaufsystem sollte sich jetzt wieder an das Cardiotraining gewöhnen, damit die ersten Anpassungseffekte stattfinden können. Bei der Trainingsgestaltung ist es wichtig, die Trainingsprinzipien zu beachten und das Training dahingehend zu dosieren. Damit aber überhaupt ein trainingswirksamer Reiz und damit eine Anpassung ausgelöst wird, ist es notwendig, dass das Training eine bestimmte Schwelle erreicht bzw. überschreitet. Diese sog. Reizschwelle muss überschritten werden, damit ein Reiz wirksam wird und Adaptionen ausgelöst werden. Die Reizschwelle liegt bei der KARVONEN-Formel bei ca. 45-50 % $Hf_{Reserve}$ (ACSM, 2006b).

In der Zeit zwischen den Einheiten hat der Proband ausreichend Zeit, um sich zu erholen, sodass der Verhältnis zwischen Belastung und Erholung im Hinblick auf die Regeneration gewährleistet ist. Die Trainingsintensitäten wurden mit Hilfe der KARVONEN-Formel festgelegt. Da der Proband kein absoluter Anfänger ist, jedoch lange Zeit kein Ausdauersport mehr ausgeübt hat, wird die Intensität für einen „Beginner" ausgewählt, d.h. beispielsweise für Woche 1 und 2: 55-60% der $Hf_{Reserve}$ (ACSM, 2006b).

Abhängig vom jeweiligen Trainingsgerät wird also folgende Grundformel für die Errechnung der Trainingsintensitäten verwendet: $THf = [(Hf_{max.} - \text{Lebensalter}) - Hf_{Ruhe}] \times \text{Intensität in } \% + Hf_{Ruhe}$ Alle weiteren Trainingsintensitäten gehen von der oben genannten Formel aus und werden je nach Trainingsmethode angepasst. Die ersten beiden Wochen des Mesozyklus wird mit einer Intensität von 55-60% der $Hf_{Reserve}$ gestartet, da der Proband ein „Wiedereinsteiger" ist. Somit beginnt er mit einer moderaten Belastung, ohne eine Überbelastung herbeizuführen. Der einzige Unterschied besteht in der maximalen Herzfrequenz (Hf_{max}). Beim Fahrradergometer wird die maximale Herzfrequenz mit 200 – Lebensalter errechnet. Beim Laufband hingegen rechnen wir mit 220 – Lebensalter für die maximale Herzfrequenz.

Die im Mesozyklus angegebenen Pulsuntergrenzen und Pulsobergrenzen richten sich nach dem Ergebnis aus dem Ausdauertest. Unabhängig von den Normbereichen reagiert jeder Organismus anders auf bestimmte Intensitäten. In den ersten beiden Wochen wurden jeweils die gleichen Intensitäten für den Probanden gewählt, da er ein Beginner bzw. Wiedereinsteiger ist und erst einmal moderat gestartet werden soll. Im Anschluss wird die Belastungsintensität variiert, damit unterschiedliche Anspruchsformen an das cardiopulmonale System gestellt werden. Dies geschieht vor dem Hintergrund des Trainingsprinzips „Prinzip des optimalen Verhältnisses von Belastung und Erholung". Dies stellt einen methodisch sinnvollen Wechsel von Trainingseinheiten höherer und niedrigerer Intensität innerhalb des Mesozyklus dar. Ab der Trainingswoche 3 wird die Häufigkeit progressiv auf 3 Einheiten/Woche gesteigert. Hierbei wird das Trainingsprinzip der progressiven Belastungssteigerung zugrunde gelegt. Die Belastungsprogression des Probanden ist nach dem folgendem Muster aufgebaut: Häufigkeit x Umfang x Intensität (The Cardio Exercise Dose, BSA/DHfPG). Dieses Schema bedeutet, dass zuerst die Trainingshäufigkeit, dann die Trainingsdauer und erst dann die Trainingsintensität erhöht wird. Diese dynamische Trainingsgestaltung setzt sich über die gesamten 6 Wochen fort. Nachdem die Häufigkeit auf 3 Einheiten/Woche gesteigert wurde, wird der Belastungsumfang angepasst, sodass sich der wöchentliche Gesamttrainingsumfang von anfangs 105 Minuten auf 160 Minuten progressiv gesteigert wird (Abb. 1). Je vielfältiger die Trainingsreize sind, desto effektiver ist das Training und die daraus entstehende Adaption. Da sich der Organismus stetig an eine gegebene Belastung bzw. deren Gesamtumfang gewöhnt, wird das Gesamtvolumen stetig angehoben. Die folgende Abbildung verdeutlicht diese Art der Belastungsprogression.

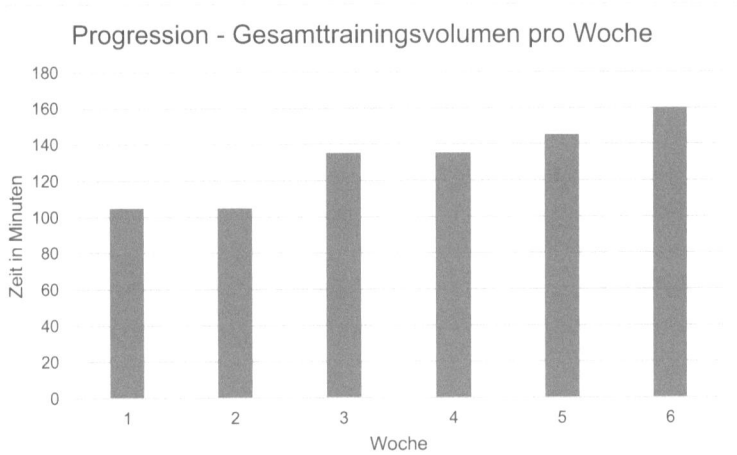

Abb. 1: Belastungsprogression Trainingsvolumen pro Woche

Die Trainingsmethoden des Mesozyklus sind die extensive, die variable und die intensive Dauermethode. Im Hinblick auf die Zielerreichung des Probanden sind die ausgewählten Trainingsmethoden elementar. Aufgrund der drei unterschiedlichen Ziele (Tab. 7) wird dieser Methoden-Mix angewendet. Somit ist gewährleistet, dass alle Ziele innerhalb des angegebenen Zeitraums erreicht werden können. Die extensive Dauermethode trainiert in erster Linie die Grundlagenausdauer (GA1), sowie das Herzkreislaufsystem. Das bedeutet, dass die Herz-Kreislauf-Arbeit ökonomisiert wird (Zintl & Eisenhut, 2001). Dadurch verbessert sich das Schlagvolumen, sodass das Ruhepulsniveau sinkt. Außerdem wird der Fettstoffwechsel bei längeren Einheiten verbessert. Hierbei liegt die Priorität nicht etwa den Körperfettanteil zu senken, sondern Fette als Energiesubstrat zu verwenden, jedoch kann davon ausgegangen werden, dass das zusätzliche Cardiotraining dem Probanden dabei unterstützen wird, seinen Körperfettanteil zu senken. Eine kalorienreduzierte, angepasste Ernährung wird hierbei vorausgesetzt. Bei der intensiven Dauermethode liegt der Fokus auf der Verbesserung/Stabilisierung und Entwicklung der Grundlagenausdauer (GA2). Bei höherer Intensität sinkt die Belastungsdauer pro Einheit auf 30 Minuten und wird in den letzten beiden Wochen um 10 Minuten erhöht. Die aerob-anaerobe Leistungsfähigkeit wird erhöht, da immer im Laktatbereich von 3-6 mmol/l trainiert wird (Neumann et al., 2007). Generell ist festzuhalten, dass sich die Leistungsfähigkeit in höheren Intensitätsbereichen verbessert. Der Proband möchte eine Verbesserung der Watt-Soll-Leistung erreichen. Für einen späteren Re-Test wird somit die Grundlage geschaffen über einen längeren Zeitraum leistungsfähiger zu sein, damit höhere Wattstufen erreicht werden können. Die variable Dauermethode beinhaltet sowohl intensive, als auch extensive Passagen innerhalb einer Trainingseinheit. Es ist festzuhalten, dass die variable Dauermethode ein Mix aus hohen und niedrigen Intensitätsbereichen darstellt. Zielsetzung dieser Methode ist die Stabilisierung und Entwicklung der Grundlagenausdauer. Die aerobe Fitness (VO_{2max}) wird weiter in der Breite verbessert (Zintl & Eisenhut, 2001).

Für den Trainingsplan sind drei verschiedene Bewegungsformen bzw. Ausdauergeräte vorgesehen. Der Proband beginnt mit dem Fahrradergometer - adäquat zum Ausdauertest. Die Bewegungsanforderungen sind bekannt, sodass ein reibungsloser Ablauf gewährleistet ist. Es besteht die Möglichkeit die Belastungsdosierung individuell vorzunehmen. Außerdem ist die Belastung gelenkschonend und für den Bewegungsapparat nicht hoch. Aufgrund der Vorerfahrung im Laufsport wird das Laufband als zweites Ausdauergerät ausgewählt. Die Bewegungsabläufe sind verinnerlicht, sodass auch bei der Bewegungsform keine Probleme auftreten. Beim ausgewählten Laufband kann sowohl Steigung, als auch km/h-Niveau individuell angepasst werden. Im letzten Teil des Mesozyklus ergänzt der Crosstrainer die eingesetzten Ausdauergeräte. Der Crosstrainer bietet den Vorteil, dass hier eine Ganzkörperbewegung durchgeführt wird, es werden zahlreiche Muskelgruppen aktiviert. Somit wird eine variable cardiopulmonale Anforderung (je nach Armeinsatz) an das Herzkreislaufsystem gestellt.

Der Trainingsplan (Mesozyklus) fasst alle Aspekte zusammen, welche für die Zielerreichung des Probanden eine Rolle spielen. Er baut auf dem aktuell niedrigen Leistungsniveau auf und sorgt dafür, dass sich der Trainingszustand im Laufe des Mesozyklus verbessert. Dies wird anhand eines ersten Re-Tests – am Ende der 6 Wochen – gemessen. In einer Art „Übergangsphase", welche im Anschluss dieses Mesozyklus stattfindet, wird das Training aus den Wochen 5 und 6 wiederholt. Dies vor dem Hintergrund, dass die Zielsetzungen des Probanden auf 8 Wochen ausgerichtet sind. Anhand der Ergebnisse des zweiten Re-Tests können dann neue Erkenntnisse gewonnen werden, die für die weitere Trainingsgestaltung wichtig sind, um das aufgebaute Trainingsniveau auszubauen und stetig zu verbessern.

4 Literaturrecherche

Effekte des Ausdauertrainings bei arterieller Hypertonie

Studie 1: „Auswirkungen von aerobem Training der oberen Extremitäten auf Herz und Gefäße bei Bluthochdruckpatienten"

Studie 2: „Exercise characteristics and the blood pressure response to dynamic physical training"

Tab. 14: Literaturrecherche

Fragestellung	Studie I	Studie II
Wer hat die Studie durchgeführt?	Tim H. Westhoff, Sven Schmidt, Viola Gross, Marian Joppke, Walter Zidek, Markus van der Giet, Fernando Dimeo	Robert H. Fagard
In welchem Jahr wurden die Studien publiziert?	2008	2001
Mit welchen Versuchspersonen wurden die Studien durchgeführt?	24 Probanden davon 13 weiblich und 11 männlich, alle mit Blutdruckmesswerten von mindestens 140 mmHg im systolischen Bereich und aktueller Behandlung	Die 2674 Probanden haben entweder normalen Blutdruck oder Bluthochdruck. 35% der Probanden sind weiblich, die übrigen 65% sind männlich. Das Teilnehmerfeld ist zwischen 21 und 79 Jahre alt.
Wie sah der Versuchsaufbau der Studien aus?	Die 24 Patienten wurden in zwei Gruppen mit jeweils 12 Personen eingeteilt. Gruppe 1 (Durchschnittsalter: 66 Jahre) hat über 12 Wochen ein Ausdauertraining der oberen Extremitäten ausgeführt. Gruppe 2 gilt als Kontrollgruppe ohne körperliche Aktivität (Durchschnittsalter: 68 Jahre). Vor und nach dem Zeitraum wurden Ausdauertests für obere und untere Extremität auf dem Ergometer durchgeführt. Somit hatte man aussagekräftige Vergleichswerte. Die ausgewählte Trainingsmethode war die Intervallmethode. Diese wurde 3x pro Woche á 30 min trainiert. Die Intervalle wurden niedrig, mit einer	Insgesamt wurden 68 verschiedene Trainingsgruppen mit verschiedenen Programmen festgelegt. Alle Teilnehmer wurden gleichmäßig auf die 68 Gruppen aufgeteilt. Der Beobachtungszeitraum in dem die Trainings durchgeführt wurden lag zwischen 4-52 Wochen. Die einzelnen Trainings sind zwischen 30 und 60 Minuten lang. Darin inkludiert sind 15 Minuten Aufwärmen sowie Abwärmen. Die Trainingshäufigkeit liegt zwischen einer und sieben Einheiten pro Woche. Mehr als zwei Drittel der Trainingsprogramme

Fragestellung	Studie I	Studie II
	kurzen Belastung und kurzen Pausen durchgeführt. Progressiv wurde mit jeder weiteren Trainingswoche die Übungsdauer/Intervalle erhöht. In der letzten Woche wurden dann 30 Minuten am Stück absolviert. Die Umdrehungszahl betrug zwischen 80-90 U/min. Der Blutdruck wurde zur Kontrolle und Dokumentation alle 10 Minuten während des Oberkörpertrainings gemessen. Alle Probanden beendeten den Test, es kam zu keinem Abbruch.	hatten eine Häufigkeit von 3 Einheiten pro Woche. Die Trainingsprogramme beinhalten sowohl Fahrradfahren, als auch Schwimmen und Walking, aber auch Joggen und Running. Die Trainingsintensitäten variieren zwischen 30 und 87% der maximalen Belastung. Anhand der 3 Merkmale (gesunde Personen, Hypertoniker, Frauengruppe) wurde die einzelnen Gruppen analysiert. Bestandteil der Programme ist die Dokumentation von einzelnen Messwerten/Parameter wie BMI, Ruhepuls, Blutdruck und die maximale Sauerstoffaufnahme. Um aussagekräftige Vergleichswerte zu haben, wurden vor und nach den Trainingsprogrammen diese Werte miteinander verglichen und Durchschnittswerte ermittelt.
Welche relevanten Ergebnisse lieferten die Studien?	Regelmäßiges Ausdauertraining für den Oberkörperbereich ist sehr effektiv und senkt nachweislich den systolischen und diastolischen Blutdruck deutlich. Probanden mit Beschwerden der unteren Extremität, die deshalb keine sportlichen Aktivitäten ausüben konnten, können trotz dieser Einschränkung ihren Bluthochdruck senken. Dies vor dem Hintergrund, dass nur ein Oberkörper-Ausdauertraining durchgeführt wird und den untere Extremität dabei nicht betätigt wird. Die maximal mögliche Belastung des Oberkörpers nimmt durch das Oberkörper-Ausdauertraining zu.	Regelmäßiges Ausdauertraining hat einen blutdrucksenkenden Effekt → Somit werden Hypertoniker leistungsfähiger Das Ruhepulsniveau wird gesenkt Das Gewicht wird durch die körperliche Aktivität gesenkt, somit sinkt auch der BMI
Schlussfolgerungen:	Regelmäßiges, geplantes Ausdauertraining hat einen gesundheitlich positiven Effekt auf Menschen mit Bluthochdruck	Regelmäßiges Ausdauertraining senkt das Risiko an gesundheitlichen Folgeerkrankungen

5 Literaturverzeichnis

Blutdruck Lexikon: Blutdruckdaten, 2015. Online im Internet, Zugriff am 17.07.2018:
https://www.blutdruckdaten.de/lexikon/puls-normalwerte.html

World Health Organisation (WHO): Blutdruckdaten, 2015. Online im Internet, Zugriff am 17.07.2018: https://www.blutdruckdaten.de/lexikon/blutdruck-normalwerte.html

Hollmann & Venrath-Test: Studienbrief Trainingslehre II, Saarbrücken 2018, S.72-76

American College of Sports Medicine. (2006b). Guide-lines for exercise testing and pre- scripiton (5. Aufl.). Philadelphia: Lippincott Williams & Wilkins.

The Cardio Exercise Dose: Studienbrief Trainingslehre 2, Saarbrücken 2018, S. 193-195.

Zintl, F. & Eisenhut, A. (2001). Ausdauertraining. Grundlagen Methoden Trainingssteuerung (5. überarb. Aufl.). München: BLV.

Neumann, G., Pfützner, A. & Berbalk, A. (2007). Optimiertes Ausdauertraining (5., überarb. Aufl.). Aachen: Meyer & Meyer.

American College of Sports Medicine (ACSM). (2006). Resource Manual for Guidelines for Exercise Testing and Prescripiton (5. ed.). Philadelphia: Lippincott Williams & Wilkins.

Timm H. Westhoff, Sven Schmidt, Viola Gross, Marian Joppke, Walter Zidek, Markus van der Giet, Fernando Dimeo, (2008). Auswirkungen von aerobem Training der oberen Extremitäten auf Herz und Gefäße bei Bluthochdruckpatienten. Journal of Hypertension. Online im Internet: http://motomed-rehabilitaci-on.es/fileadmin/user_upload/Studien/bluthochdruck_de_vt_westhoff_motomed_1.pdf

Robert H. Fagard, (2001). Exercise characteristics and the blood pressure response to dynamic physical training. *Med. Sci. Sports Exerc., Vol. 33, No. 6, Suppl., pp. S. 484-S. 492.* Online im Internet, letzter Zugriff am 31.07.2018, 10:26 Uhr: https://www.andeal.org/worksheet.cfm?worksheet_id=115759

6 Abbildungs- und Tabellenverzeichnis

6.1 Abbildungsverzeichnis

6.2 Tabellenverzeichnis